LETTRES

DU

MARÉCHAL DE SAXE

A LA PRINCESSE DE HOLSTEIN,

SA SOEUR;

DÉPOSÉES A LA BIBLIOTHÈQUE PUBLIQUE DE STRASBOURG.

IMPRIMÉES POUR LA SOCIÉTÉ DES BIBLIOPHILES FRANÇAIS.

Année 1831.

Le maréchal de Saxe et la princesse de Holstein, sa sœur,
étaient tous les deux enfants illégitimes d'Auguste II, électeur
de Saxe et roi de Pologne. Les lettres que nous donnons ici par
extrait offrent peu de faits importants, mais quelques détails
qui font connaître le caractère de cet illustre guerrier. On a cru
devoir conserver scrupuleusement son orthographe.

H. de Chateaugiron.

IMPRIMERIE DE FIRMIN DIDOT FRÈRES,
RUE JACOB, N° 24.

LETTRES

DU MARÉCHAL DE SAXE

A LA PRINCESSE DE HOLSTEIN,

SA SOEUR.

I.

Breslau, le 10 de janvier 1728.

Je vous souhetes, ma chere seur, une heureusse et bonne añée, remplye de contantemans, je ne dis pas de plesirs brillans, parssèque je suposse que se la sen vas sen dires.

Pour moy je vais ganer Paris et je conte y àitre a la fein de la semaine prochaine.

N'autre sort ait bien différant; vous aites dans la grande faveur, dans les richesse, au haut de la fortune; heureusse je n'en sais rien.

Pour moy je suis tretés durement et sen doute tres mal en cour, mais je trouveres des cœur juste et des amis fidelle qui me consoleront.

Mais à propos de sais chosse, ecrives moy je vous prye, par le porteur, se que l'on a contre moy, il me semble presque impossible que le coeur du patron [1] soit d'acor avec la fasson dont il me trète, car je n'ay rien à me reprocher; se diable de M'enteuffel [2] m'oretil encore joues quelque tour, je sais bien qu'il ait capable des man'heuvre les plus noire et les plus laches - mais encore je vouderes bien savoir sur coy.

Au reste je vous dires que j'ai brulles mes billés dou et tout se qui composait mes archive galante, et bien m'an a pris, car si les Polonais les avoit eûe, il en seret venus à auquns des cornes à la taite moi me par mis seus qui aitet à la comition, enfein il ne sont plus sais billes si tàndre, il ont un portrés de la P. Contis, qui ait tres bau, et sela me fache baucoup; au reste je ne me sousye gaire de mes pertes.

Adieu, ma chaire, belle et grende seur, je vous l'aisse sur la bonne bouché, soies toujour trionfante, et conserves moy un peu de part à vos bontes, si vous trouves des jans qui m'onhoret de leur amitiés dite léur du bien de moy, le bon dieu vous le renderas, et moy ossi cant je le pourres.

---

1. Son père, le roi de Pologne.
2. Le général Manteufel.

II.

A Versaille, le 4 dessambre 1743.

Vous m'aqusseres de paresse, ma grande et chere seur, de n'avoir point répondus à la l'aitre que vous m'aves écrite en Bavière et que M. de Mariny d'Ausbourg ma fait tenir à se qu'il me semble, mais nous avons etes dans un si grand mouvement, qune truye y auret perdue ses petis. J'ai depuis confesses M. le preince Charl[1] sur le haut Rein et ensuite le roy d'Angletaire sur la l'outre chosse assez grande pour mériter mon atention. Je les ay absous et renvoies ches eux. Me voilla revenus ici pour peux de jours seulement. Vous entendres hientot parler du grand brouder[2]. J'aimeres mieux vous voir et vous embrasser. J'espaire que se seras enfein et la guere ne sauret toujour durer.

Jespaire que l'anée prochaine ne se passeras pas

---

1. Le prince Charles de Lorraine, général de l'armée autrichienne.

2. Brouder, bruder, frère.

san que je vous embrasse et que je vous prouve
combien le gran brouder vous aimme.

MAURICE DE SAXE.

Ecrives moy un peux quel age a le neveux; sil
ait un peux gran et si nous pourions bientot le
maitre à l'academye, car encore faut il bien savoir
monter a cheval, pour aitre colonel.

III.

A Paris, le 1er de janvier 1744.

Il y a longtemp, ma chaire seur, que vous n'aves
entendus parler de moy, mais les mons et la guere
nous separet; le renouvellement de lanée et un
peux moin d'oqupation meinvite a vous ecrire, je
ne pers point de veüe se que je vous ay proposés il
y a 18 moy, mais le tourbilion dans lequel je suis
entrenes menpeche encore de lexequter. L'on ma
tires de la Flandre pour un moy séulement, affein
de prendre avec moy les arangemens pour la campagne prochainne, je retourneres à Lille a la fein
de se moy; un si court espasse de tamp ne mores
pas lesses seluy davoir le plesir de vous voir. Il
faut esperes que l'hiver prochein je ne seres pas
condanes à comender sur la frontière, ou qune
pais remaiteras le calme partout, je desire se temp
favorable parsequil me proqureras le plesir de vous
voir et de vous conveincre de ma tendre amitiés.

LE M. DE SAXE.

IV.

A Versaille, le 1er de fevrier 1745.

Les prouesse de M. le P. de Conty en Italye n'ont pas fait grand fortune ici. Depuis son retour, les officies de son armée sont arives et le public ait einstruit qu'il an a perdus les deux tiers san fruit. On ne lapelle donc plus leinveinsible Conty. Vous saves sans doute que lempereur ait mort, et que le roy de Pologne ait de retour à Drésden; sil veut il a bau jeux pour l'empire, mais nous somes Otrichiens en diable. L'on me d'estine jusques à presant au comendement de l'armée de Flandre, ou sel'on toute les aparance se fraperont les grans coup.

M. DE SAXE.

V.

Au camp devant Tournay ce 21 may 1745.

J'ay ressus, ma chere seur, la laitre que vous
m'aves ecrite le 9 de se moy. Je ne vous entre-
tienderes pas de la victoire[1] que j'ay remportes
le 11 de se moy sur les alliés avec larmée de sa M..
tres C. qui y etes presant et qui a etes des plus
completes. Les Anglais y ont etes etrillés en chiens
courtaux et il leur menque ainsi que lon pretan
15 mille homme; l'affere a dures neuf heure et
coique je sois mourans, jay soutenus saite journée
avec vigeur. La ville sait rendus le 22. Voilla une
grande entreprisse misse a bout dans un moy. Je
vous prye de faire dire à M. de Choulenbourg[2],
qui a etes un de mes maitres, que jay fait les deux
maimes ataque qu'il a fait en 1709 et ou j'ay assistes

---

1. La bataille de Fontenoy, livrée le 11 mai 1745.

2. Le comte de Schulembourg, général des armées d'Auguste II. Maurice fit sous lui ses premières armes. Schulembourg
fut un des héros de Malplaquet, en 1709, et ce fut principale-
ment à ses savantes manœuvres que les alliés durent le succès de
cette journée si malheureuse pour la France. C'est vraisembla-
blement à cette bataille que le maréchal fait allusion.

sous ses ordres et que jay fait tout comme je luy ay
veu faire[1]. Le roy ma marques sa reconessence; il
ma dones le comendement dalsasse, qui vaut
120 mille livre, 40 mille livre en fonde taire, les
grans honeurs du Louvre, comme au preince Lorein;
j'ay avec sela de mes pensions ou regimens 140 mille
livre, einsi je jouis des grasse de la cour denvirons
300 mille livrés se qui peut sevalluer sur le pied de
30 mille ducas an or de Saxe, avec les agremens,
tel que le gouvernement d'Alsasse qui fait letat
dun souverein.

Si Dieu me prete vye, ma chere seur, je vous
veres sait hiver et nous arengerons nos affaire, si
la pais arive, j'espére que vous voudres bien me
venir tenir conpagnye de tens en temp à Strasbourg. Adieu je vous embrasse de tout mon cœur.
Vostre gren fraire LE M. DE SAXE.

---

1. Ce fait est important pour l'histoire.

VI.

Au camp sous Tournay le 25 jeuin 1745.

La sitadelle de Tournay sait rendue le 19 et la
garnison en ait sortis hier au nombre de 5 mille
homme; sait un rude morsaux. M. de Choulenbourg
en conet la force. Nous verons a presant se que
dame Fortune moras destines pour le reste de la
campagne; jay etes hydropique; lon ma fait deux
foy la poncsion et je contes aller faire un tour sur
les sombre bors, cár de saite maladye lon ne re-
vient geure, sela ne má pas empeches d'aller toujour; depuis huit jour jay trouve un remaide qui
ma fait perser les urines et je vuide toute ses aux.
Les medessein massure hor daffaire, mais je suis
extremement maigre et faible; je comte toujour
vous voir dans se peis ici ou a Paris sait hiver;
mais se ne pouras aitre plus taut, vous saves san
doute que les Saxons ont baucoup souffert à la bataille qui sait donnes le 4 de se moy en Silesye[1]. Le
chevaliers ni a rien atrapes, je crois la cour de

---

1. La bataille de Hohen Friedberg, gagnée par Frédéric II
sur les Autrichiens.

Saxe embarassée de sa contenance et je ne sais comme les bons pères et le petit bril [1] san tireront si le roy peut ouvrir les yeu sur sa situation. Adieu, ma chaire seur, soies persuades que je vous suis ataches sans reserve.

Permetes que je remersye ici monsieur Algarotty de son galan conpliman, dite luy je vous prye que mes lories me paretront plus baux et me seront plus agreable si je puis me flater qu'il si einteresse.

---

1. Le comte de Bruhl, premier ministre du roi de Pologne.

VII.

Au quartier général de Welsick ce 13 juillet 1745.

Je me sers d'une main étrangère pour vous écrire, ma chère sœur, parce que j'ai une douleur à la main droite, qui m'empêche de tenir la plume. Nous avons fait, depuis la prise de la citadelle de Tournay, quelques mouvements en avant sur la Dendre; mais M. le duc de Cumberland n'a pas été tenté de se prêter une seconde fois à une action. Il s'est trompé à mes démarches, lui ayant donné jalousie sur Mons, ce qui lui a fait perdre deux marches sur moi, et m'a donné les moyens de me placer entre Oudenarde et lui. Comme Gand est d'une grande importance aux Anglais, j'ai voulu les empêcher d'y jeter du secours, et pousser devant moi un fort détachement de ce côté-là, qui a rencontré le secours composé de six mille hommes qui devait s'y jeter le 9; il a été défait, et les alliés ont perdu plus de deux mille hommes avec tous leurs équipages. M. de Lowendal, que j'avais laissé avec un corps à Épierres et avec qui j'étais convenu qu'il attaquerait la ville de Gand, l'épée à la main, la nuit du 10 au 11, a fort bien exécuté mon ordre, et s'est rendu maître de cette grande ville où est tout le dépôt de l'armée anglaise. Elle fera la tête de mes quartiers pour cet hiver, et je compte avoir le plaisir de vous y voir et de vous y embrasser.

Nous allons faire le siége d'Oudenarde, qui ne sera ni long ni meurtrier, à ce que j'espère, après quoi, comme la saison n'est pas avancée, nous songerons à d'autres opérations. Je suis rétabli de mon hydropisie, et c'est un grand point duquel j'ai long-temps douté : ma santé se fortifie de jour en jour, et j'espère que vous me trouverez rétabli.

Adieu, ma chère sœur, soyez persuadée de ma tendre amitié pour vous.   M. DE SAXE.

VIII.

Du camp de Hortegems, ce 29 juillet 1745.

Je reçois bien vos lettres, ma chère sœur, mais je ne sais si vous recevez les miennes, parce que vous ne m'avez pas encore répondu à celle que je vous ai écrite du camp devant Tournay. J'ai depuis pris Gand et Oudenarde, et un détachement de l'armée que je commande a battu sous Gand un corps de six mille hommes des ennemis où les Anglais ont encore eu du pire, ils perdent cette campagne près de quinze mille hommes, qui est plus de la moitié de leurs troupes, ils ne répareront pas aisément leurs pertes. Je m'en vais me remettre en campagne pour de nouvelles opérations.

M. le Prince de Conti, qui ne besogne pas de même sur le Rhin, en est je crois un peu jaloux. Il est décidé que je passerai l'hiver à Gand pour commander sur cette frontière; si vous êtes toujours dans l'intention de me venir voir, il faut que vous commenciez à faire vos paquets, car je ferai entrer de bonne heure les troupes en quartier d'hiver.

J'ai été aujourd'hui à Gand faire marquer mon logement et le vôtre, et nous y serons bien logés. Vous partirez, s'il vous plaît, vers le 15 septembre, pour être arrivée à Gand au commencement d'octobre. Voici la route qu'il faut que vous teniez : de Venise par Vérone, Inspruck à Augsbourg, d'Augsbourg à Strasbourg où vous irez loger au Corbeau, et où vous trouverez un garde à moi qui vous conduira par Nancy, Châlons et Rheims sur la route de Paris en Flandre. Je vous enverrai dans quelques jours un passeport du maréchal de Kinigseck ; je le demanderai pour vous et mon neveu avec vos domestiques et deux voitures. Je vous conseille de ne prendre que deux femmes de chambre avec vous ; si votre fils a un gouverneur, il faut que vous l'ameniez aussi ou que vous le fassiez suivre, car je n'ai personne de convenable à lui donner dans le moment présent. Laissez le reste de votre maison, tel qu'il est, à Venise, et dites que vous reviendrez au printemps ; c'est un point absolument essentiel, ainsi je vous prie d'y faire grande attention. Vous voulez bien à présent que je vous donne quelques commissions. Je voudrais que vous m'apportiez une demi-douzaine de livres de tabac à fumer de Turquie, de celui des petites feuilles, en outre je voudrais avoir deux coureurs italiens, jeunes, bien faits et de jolie figure; si vous ne pouvez pas les trouver comme cela, je n'en veux point; ils ont chez moi cinq sequins et demi par mois, sur quoi il faut qu'ils se nourrissent et s'entretiennent de souliers, de bas, de vestes de basin, et de linge, je ne fournis que la livrée; ils pourront monter derrière votre voiture et vous servir de laquais jusqu'ici.

Comme il est d'usage en France que les femmes marchent comme les capucins deux à deux, je ferai venir de Paris sur votre route une femme qui s'appelle madame de Narbonne, qui est de fort bonne compagnie, et qui ayant vécu toujours dans le grand monde français, en connaît parfaitement les usages; elle a le bon ton, a été très-riche, a de l'esprit, avec tout cela fort peu de cervelle, mais c'est la chose du monde la plus rare dans ce pays-ci, et dont on fait le moins de cas. Adieu, ma chère sœur, il se fait tard, et je suis un peu fatigué. Ma santé se rétablit tous les jours, mais mes forces ont bien de la peine à revenir.

M. DE SAXE.

IX.

Le comte de Noailles sort de chez moi qui est enchanté de vous, ma chère sœur, de votre politesse et de vos bonnes manières. Je n'en suis point étonné, mais les Français le sont toujours, quelque esprit qu'ils aient, quand ils voient des étrangers qui ont le sens commun; c'est un petit défaut qu'il faut leur passer; réellement il est enchanté de vous, il dit que vous avez le grand usage du monde, que vous savez fort bien placer vos politesses et les graduer; quoique je ne sois point Français, je ne laisse pas que d'être agréablement surpris que, tombée comme des nues parmi tout ce monde que vous ne connaissez pas, vous vous en soyez démenée aussi lestement que vous avez fait, et à la satisfaction de tout le monde qui me chante vos louanges, et c'est une musique très-agréable pour moi. C'est régner que de plaire, souvenez-vous-en, ma chère sœur; il n'est pas nécessaire, à

ce qu'il me semble, que je vous y exhorte, car
vous avez très-bien enfourné, comme l'on dit; l'im-
pression est prise, elle se communiquera bientôt à
la cour et dans tout le royaume.

X.

A Paris le 10 janvier 1747.

J'ay resus, ma chaire seur, la l'aitre que vous
m'aves écrite le premies jour de saite anée; ma
santes ait bonne, mais je ne sais coment sela se
fait, mes metresse me devienne toute einfidelle,
je n'ay james eu a me pleindre de se dieu perfide,
mais il me samble qu'il veut prandre sa revanche;
jan soupsone la raison et nan fais que rire. Il y a
pour tan une petite creature qui a penses me faire
tourner la servelle, je vous en ay ecrit lanée passée,
sait toujour le meme trein. Vous me dires pour
coy ne la renvoies vous pas au diable; sait quelle
a un petit segret qui ait davoir le privilège esclusif
de me metre de bonne humour. Sait une bagatelle,
comme vous voies, mais qui fait tout dans ce bas
monde.

XI.

A Paris, le 10 mars 1747.

J'ay ressus la laitre que vous m'aves écrite ses jours passes, ma chère seur. M. vostre fils ait amoureux, dit on; vous aves exiges de luy une promesse qui ait bien odessus des forses humaines, sela me donne fort bonne opinion de vous, car l'on nexige pas des chosses que l'on croit eimpossible et petaistre vostre amour propre entre til pour quelque chosse dans une pretansion ossi extra ordinaire; coy quil en sóit je lui souhaite de la prudance et des plésir.

Pour moy je repeuple le roïaume; jay etablis des manefacture de cretien; il y en a un sur la boutique et deux dans le four, dont un doit sortir aujourduis, si mon calqulle ait juste, car je conte a présant et tien registre, vous voles que je mais de l'ordre dans mes affaires. Je vous dires en outre que je suis amoureu depuis trois ans d'une petite Gelan qui me joue des mauves tour et qui ma penses faire tourner la servelle. Je vous en ay écrit quelque chosse lanée passée, elle ait possede du

2.

demon de lamour conjugal et couche dautan avec
moy. Jay etes tentes deux ou trois foy de la
noier. Adieu, ma chere seur, je vous embrasse de
tout mon cœur.

XII.

A Chambor le 12 may 1747.

Tout les colonels ont ordre de joindre le premier
de may et il ne convienderet pas, ma chaire seur,
que vostre fils san dispensas, naiant nulle reson
legitime a alleguer. Je sans comme vous linutilité
et la depense de ce voiage, mais sait une chosse
en France que lon regarde comme essansielle. Je
seres charmes de voir ici M. de... qui veut vous
accompagner sait otonne, et s'il ait chasseur, il
trouveras de coy samusser. Permetes moy d'entrer
dans quelque detail au suget de se voiage. Je vous
aimes et me plès fort avec vous, mais cant vous
seres ici petaitre vouderes vous y demeures et je
vous avertis que sela ne se peut, jy ay mon regiment, sela ne peut supsister avec dessence cotent
que jy suis, lorsque je ny suis pas, vous n'etes pas
asses riche pour y tenir un etat digne de vous et
de moy, vous maves m'enques sur se point et à
moins qu'il ne vous convienne de vous en retourner
a la fein de novembre qui ait une vilene saison
pour voiager, je ne vous presseres point de me

venir voir dans les derniers jours de septambre
qui ait le temp au quel je vienderes ici, faites donc
vos reflexsion la dessus. Je vous le repete, je seres
charmes de vous voir et de passer deux moy avec
vous, et je vous offre les frais de vostre voiage
pour laler et le retour, affein que se voiage ne
vous soit pas à charge et ne derange point vos
petites affaires; je crois qune berline a six chévos
vous suffiras et M. vostre fils pouras revenir de
son regiment tout droit ici, car son tamp de servisse
finiras vers se tamp la, je sans que se que je vous
expósse la, vous depleras petaitre, mais il ait des
devoirs et des bienseances qui marchet devant
toute chosse, comme vous saves bien, et je me flaté
que vous ne desaprouveres pas 'ma fasson de
penser; adieu, ma chaire seur, soies persuades que
je vous aimme de tout mon cœur.

XIII.

A Chambor, le 25 septambre 1750.

J'ay ici mademoiselle de Sense avec une douzene
de fammes de la cour, comedye, bal, etc., etc.,
toùt le monde y resteras quinze jours; lon dit à
Paris que ses beles dames sont alles trouver les
oulans parsequils sont affamés de cher hùmenne
et quils vivet comme des reclus dans se desser,
mais se nait que par envye que les autres fames
aboiet ainsi; adieu, ma chere seur, je vous lesse
sur la bonne bouche, aimes toujour un peu le
gren brouder. Il vous ait seinserement ataches.[1].

---

1. Le maréchal mourut peu de temps après avoir écrit cette
lettre, le 30 novembre 1750.